Ilse Hampe

Die angloamerikanische Invasion

© 2021, Ilse Hampe
Herstellung und Verlag:
BoD – Books on Demand, Norderstedt
ISBN: 9783755795469

Einleitung

Sprachwandel ist ein normaler Vorgang, obwohl er gewöhnlich von den Sprachteilnehmern nicht wahrgenommen wird. In der heutigen Zeit ist er aber nicht zu überhören, mehr noch, unmöglich zu übersehen! Das Straßenbild ist überhäuft mit Schildern, die unzählige und vor allem überflüssige englische Ausdrücke enthalten. Es geht uns, Gott sei Dank!, noch nicht so wie Voltaire, der 1750 aus Potsdam schrieb: *„Ich befinde mich hier in Frankreich. Man spricht nur unsere Sprache, das Deutsche ist nur für die Soldaten und die Pferde.“* Erst die französische Revolution und die napoleonischen Kriegshandlungen schafften es, das Französische aus den deutschen Salons der gehobenen Gesellschaft zu verbannen, obgleich sich auch das einfache Volk ziemlich flüssig dieser Sprache bediente.

Der Sprachpurist Hermann Dunger erwähnte bereits 1899 die *„Engländerei in der deutschen Sprache“*. Dieser neue Einfluss breitet sich hauptsächlich im 19. Jahrhundert aus; Grund dafür sind die industrielle Revolution sowie die Demokratisierungsansätze im Inselreich. Englisch entwickelt sich zur modischen Konversations- und Renommiersprache der Oberschicht. Diese Tendenz verschwand während des 1. Weltkrieges, da Englisch als Feindes- bzw. als Verratssprache galt. Hitler hat sich hingegen explizit für den Verbleib der Fremdwörter eingesetzt, deren Ersetzung sogar vehement abgelehnt. Ab 1945 nimmt der Einfluss Amerikas zu, erstens durch seine Präsenz als Besatzungsmacht, aber vordringlich durch seine Symbolkraft für Modernität und Freiheit, nicht zuletzt aber durch seine Vorbildfunktion aufgrund seines Wirtschaftswachstums und Wohlstandes.

Diese Entwicklung hält an, d. h., ist nicht aufzuhalten, denn ein Wandel kann nie stillgelegt, durch eine schriftliche Fixierung allenfalls verlangsamt werden. Der Mensch hat sich stets vor Veränderungen gefürchtet; man denke allein an die Babylonische Sprachverwirrung, die als göttliche Strafe interpretiert wurde. Heutzutage gehen die Neuerungen schneller vonstatten, parallel zur gesellschaftlichen Evolution. Denn Sprache ist eine soziale Erscheinung, Spiegelbild der veränderten Lebensbedingungen, geistiger Strömungen, neuer Gewohnheiten und der kulturellen Entwicklung. In allen Industriestaaten ist eine ähnliche Entfaltung zu beobachten, stark beeinflusst durch die Medien: Es überwiegt die Tendenz, sich kürzer, einfacher und verständlicher auszudrücken; die geschriebene Sprache wird an die gesprochene in Punkto Wortwahl und einfachem Satzbau angepasst. D. h. der Einfluss letzterer wird immer größer. Texte sollen nachvollziehbar sein, beim Leser ankommen. Das Abweichen von der Norm wird nicht mehr als Sprachverfall gedeutet; im Gegenteil, die allgemeine Sprache wird zusehends zur Norm. Dabei ist die Zunahme des Wortschatzes weltweit nicht außer Acht zu lassen, einhergehend mit einem Zuwachs an neuen Produkten.

Dieses Werk beinhaltet eine Anzahl von Beispielen, in denen sich englische Ausdrücke, manchmal Sätze oder Satzteile, grundlos in deutschen Texten befinden. Sie stammen aus unterschiedlichen Sparten, sowohl von Ministerien, aus der Gastronomie, der Bekleidungsbranche oder den Lebensmittelketten, u.a.m. Es sei die Frage gestellt, ob wir dieses Eindringen begrüßen bzw. wohlwollend akzeptieren sollen, unter dem Vorwand, dass ja jeder Kontakt mit anderen Kulturen Spuren hinterlässt. Oder sollen wir der puristischen Linie folgen und dieses vermehrte Eindringen ablehnen bzw. dagegen aufbegehren?
Im Text sind die Fremdwörter bzw. die Lehnwörter (im Gegensatz zu ersteren mehr oder weniger im Deutschen assimiliert) bei ihrem ersten Erscheinen mit einem

Ausrufezeichen versehen. Dieser Hinweis soll bewusst machen, wie sehr unsere Sprache bereits von ausländischen Vokabeln infiltriert ist, die wir gar nicht mehr als Fremdkörper identifizieren. Sie gehören selbstverständlich dazu und sind nicht mehr aus unserem alltäglichen Sprechen und Schreiben wegzudenken. Sie sind integriert und es stellt sich die Frage, ob auch diejenigen aus den angeführten Beispielen es auch in Bälde sein werden.

Die angloamerikanische Invasion (!)

Sprachen haben es so an sich: Sie dringen ineinander ein, verdrängen Wörter und Ausdrücke, um sich mit eigenen selber bequem einzunisten. Und eines Tages sind diese nicht aus dem Alltag wegzudenken. Sie gehören einfach dazu, sind etabliert (!). Die Eroberung ist vollzogen. Bei vielen Vokabeln (!) fällt uns erst bei näherer Betrachtung auf, dass sie fremden Ursprungs sind. Die etymologische (!) Recherche (!) offenbart uns diese Realität (!), wenn sie auf dem ersten Blick nicht offensichtlich ist. Somit sind einige Begriffe seit Jahrhunderten oder gar Jahrtausenden im Sprachgebrauch, d. h. unentbehrlich und vollständig integriert (!). Sie fallen als Exoten (!) nicht auf, obwohl sie es vor langer Zeit einmal bestimmt waren.

Im Gegensatz zu Deutschland besitzt Frankreich eine Institution (!) zur Wahrung der Reinheit ihrer Sprache; die *Académie française*. Dies gelingt ihr nicht vollkommen; das Englische dringt mit brutaler (!) Gewalt in ihr Territorium (!) ein. Die Bezeichnung für technische (!) Neuerungen, die wir alle heutzutage nicht mehr entbehren mögen, entstammen in der Regel dem Angelsächsischen. Wir haben diese nützlichen Dinge mit ihren fremden Namen, ohne mit der Wimper zu zucken, in unserem Dasein aufgenommen. Sie sind beide zusammen, zur gleichen Zeit, als Einheit in Erscheinung getreten und inzwischen zur Selbstverständlichkeit geworden. Kein Sträuben mehr gegen das Neue, das Unbekannte. Dem Einmarsch wird kein Widerstand geleistet. Damit ist zu leben. Denn man müsste ansonsten komplizierte (!) Übersetzungen fabrizieren (!), um das Original (!) zu ersetzen. Die Notwendigkeit leuchtet nicht ein.

Anders verhielt es sich vor ca. (!) einem Jahrhundert mit dem Türkischen. Atatürk kam auf die glorreiche (!) Idee

(!), die Landessprache zu bereinigen, denn sie war mit arabischen Ausdrücken infiltriert (!). Nicht nur, dass er die arabischen Schriftzeichen durch die lateinischen (!) substituierte (!), da diese für die Wiedergabe der vokalreichen (!) türkischen Sprache geeigneter sind, obendrein ließ er Sprachwissenschaftler nach Begriffen aus dem Alttürkischen als Ersatz für die eingeschlichenen arabischen suchen. Dieses gelungene Unterfangen bildete einen wesentlichen Teil seines Modernisierungsvorhabens (!) für seine kränkelnde Heimat.

Im Gegensatz zu der Liste nachfolgender Über- oder Eingriffe des Englischen in den deutschen Sprachgebrauch mutet es fast erstaunlich an, dass die Plakate (!) der am 26.9.2021 stattgefundenen Wahl für den deutschen Bundestag ohne die Fremdsprache auskamen. Die Sprüche waren ausschließlich in Deutsch verfasst. Will man keinen Wähler verprellen? Haben die Politiker entdeckt, dass unsere Sprache über einen ausreichenden Wortschatz verfügt? Fazit (!): Es geht auch ohne die Eindringlinge! Wir können oder könnten tatsächlich sprachlich autark (!) sein!

Es bleibt dennoch nicht aus, dass wir auf der einen Seite diese neuartige Okkupation (!) durch technische Begriffe gutheißen oder einfach hinnehmen. Nichtsdestotrotz begegnen wir andrerseits Termini (!) oder sogar ganzen Sätzen in einer Fremdsprache, meist Englisch, ohne jegliche Daseinsberechtigung. Einige Beispiele:

In der Pandemiezeit (!) wurden wir aufgerufen, uns für einen Impftermin (!) online (!) zu registrieren (!). In Bayern hieß die Webadresse (!): www.impfzentren.bayern/citizen (!). Aus welchem Grunde verwendete die Stadt dieses Wort „citizen"? Was hatte sie gegen „Bürger"? Sogar um einen Buchstaben kürzer! Hatte sie Angst, man würde es mit „Bourgeois (!)" gleichstellen oder verwechseln, d. h. sich einer Kritik (!) exponieren (!)?

Unverständlich und schockierend (!), dass sich eine staatliche Webseite nicht schlicht und ergreifend des deutschen Wortschatzes bedienen kann oder will, dass sie dem fremdsprachlichen Eindringen Tür und Tor öffnet. In der unterirdischen Einkaufsplattform am Münchner Stachus, über dem Treppenhauszugang zu den U- und S-Bahnlinien, prangen auf einer riesigen Leinwand wechselnde Reklameplakate (!), auf denen u. a.: *„München on air"* in Großbuchstaben steht, darunter das Foto der Frauenkirche, idyllisch (!) von der Sonne beschienen. Werbung für die Stadt mitten in der Stadt? Es steht sonst nichts, außer: *„Die Frauenkirche im goldenen Licht."* Rätselhaft, wer hiermit angesprochen sein soll. Worauf bezieht sich das *„on air"?* Etwa auf einen Radiosender (!)? Aber es ist kein Hinweis hierauf zu entdecken. Oder bedeutet es einfach: *„Luftaufnahme von München"?,* Illustration (!) der Schönheit dieser Metropole (!)?

Und noch ein Beispiel von der Landeshauptstadt München, diesmal vom Referat (!) für Bildung und Sport (!): Es bietet Ferienkurse (!) an im Bereich Sport. Die eingesetzten Begriffe für die Sportarten sämtlich Importware (!), d. h. auch der Sport ist fremdsprachlich verseucht! Dafür kann das Referat nichts. Um die Jugendlichen anzusprechen, bleibt ihm nichts anderes übrig, als die unter ihnen bekannten Bezeichnungen zu verwenden. Aber warum *„Kids (!) & Teens (!)"?* Warum nicht *„Kinder und Jugendliche"?* Die englische Formulierung (!) klingt eindeutig trendier (!). Fazit (!): Das Referat für Bildung beugt sich der Modernisierungswelle, anstatt sie zu bremsen. Es springt auf den fahrenden Zug auf, macht mit und fördert sogar unterschwellig die zunehmende ausländische Eroberungstendenz (!).

Ein weiterer Kasus (!) aus München: Die Ludwig-Maximilians-Universität (!) schreibt in einem eleganten Flyer

(!) zur neu eingeweihten Fachbibliothek (!) Philologicum (!): *„Das Silentium (!) ermöglicht stilles Arbeiten".* Laut Duden bedeutet das lateinische Wort: *„1. (Still)schweigen, Stille und 2. Zeit, in der die Schüler eines Internats ihre Schularbeiten erledigen sollen".* Die Universität hingegen gebraucht es zur Benennung eines Raumes. Auf dessen Foto (!) stehen in großen Buchstaben die Angaben: *„Silentium"* und *„Silent Study Area (!)".* Demnach hieße obiger Satz auf Deutsch: *„Der stille/ruhige Raum ermöglicht stilles Arbeiten"* und die beiden Aufschriften: *„Ruhezone/Ruheraum"* sowie *„ruhiger/stiller Arbeitsraum"* oder *„ruhiges stilles Arbeitsareal (!)"* oder gar *„stille Lernzone".* Warum entschließt man sich aber für eine lateinisch-englische Ausdrucksweise? Selbstverständlich passt sie in diesem Falle gut in den Kontext (!) hinein, da wir uns in der Bibliothek der Fakultät (!) für Sprach- und Literaturwissenschaften (!) befinden. Wo, wenn nicht hier, ist solch eine Entfaltung und Darstellung von Sprachenvielfalt erlaubt, sogar zu erwarten? Das Philologicum ist von jedweder Entschuldigung entbunden!

Auf einem Fahrradweg neben einer stark befahrenen Landstraße befindet sich ein großes Schild mit der Aufschrift: *„NO WASTE".* Ein Aufruf ausschließlich auf Englisch! Die Gemeinde Neuried bei München, wo sich diese Tafel befindet, setzt demnach gebildete Fahrer voraus! Englisch für alle! Das Plakat signieren (!) aber gemeinsam drei Täter: Der Landkreis München mit einem Wappen verziert, die Initiative (!) Klima (!) und Energie (!) mit dem Hinweis *29++* geschmückt, so wie die Paten (!) der Mikroplastik (!), begleitet von den Worten *„STOPP PLASTIK"* nebst einem Aufkleber mit einer zerdrückten Plastikflasche. Zweifellos macht das vorhandene abschreckende Piktogramm (!) auch für des Englischen Unkundige den Sachverhalt verständlich: Ein Plastikbecher mit Strohhalm und ein kleiner Karton sind durch einen roten Balken durchgestrichen! *„Aha, das sollen wir nicht tun, Dinge einfach in die Natur oder auf die Straße werfen!"*, lautet die klare Botschaft. Nun wiederum: Hätte ein Sätzchen in deutscher Sprache nicht den gleichen Zweck erfüllt? Z. B.: *„Haltet die Umgebung sauber!"* oder *„Keinen Müll (wegwerfen)!"*. Ist es schicker (!), eine Aufforderung in einer Fremdsprache zu formulieren (!)? Allem Anschein nach reicht die Ausdrucksweise des Deutschen nach Auffassung bestimmter Verfasser nicht aus, um gewisse Situationen (!) wiederzugeben. Nur eine Fremdsprache ermöglicht das Erreichen eines breit gefächerten Publikums (!). Bedeutet dies, dass wir bereits dermaßen abgestumpft sind, dass unsere Aufmerksamkeit ausschließlich durch Steigerungen in der Wortwahl geweckt werden kann? Spricht uns ein Plakat auf Deutsch nicht mehr an? Reagieren (!) wir darauf nicht?

Aber auch die Franzosen erleben wohl derzeit ein vergleichbares Szenario (!). In der Wartehalle des Flughafens Charles de Gaulle befindet sich oberhalb eines Wasserspenders folgende Meldung: *„Enjoy a drink! À Paris, on vit d'amour et d'eau fraîche"*. Immerhin ein Teil auf Französisch, ein Zwitter, als hätte man keine brauchbare Übersetzung für den zweiten Teil gefunden oder man ist der Meinung, die Begriffe *„Paris"* und *„amour"* seien unzertrennlich, demnach nur auf Französisch mitteilbar. An einem Flughafen Meldungen in einer Fremdsprache zu begegnen, klingt nicht verwunderlich. Warum dann nicht alles vollständig in der einen oder in der anderen Sprache darstellen? Sind wir so international (!) geworden? Gehört diese Sprachenvielfalt ganz natürlich zu unserem Weltbild? Ist es zur Selbstverständlichkeit geworden, dass wir mehrere Sprachen – in erster Linie (!) Englisch – beherrschen oder im Ansatz kennen? Anscheinend wohl!

Es ist nichts dagegen einzuwenden, wenn ein Fremdwort auf spritzige, intelligente (!) Weise eingeführt wird, z. B. um eine Doppeldeutigkeit zu implizieren (!). In einem kleinen Artikel (!) in der Fernsehzeitschrift zum Thema (!) nachhaltiges Reisen mit der Deutschen Bahn erscheint der Schlusssatz: *„So wird der Familienurlaub zum Fairgnügen."* Durch die fast identische (!) Aussprache des englischen Adjektivs *„fair"* und der deutschen Vorsilbe *„ver"* werden zwei Gedanken kombiniert (!): Ökologischer (!) Urlaub ohne Verzicht auf Genuss. Eine gelungene Verschmelzung!

Ähnlich geht es bei einem Interview (!) in der SZ online vom 22.9.2021 zu: *„Wie ich versuchte, zum Impfluencer zu werden".* So beschreibt sich der Autor (!) dieses Satzes, als er in Dialog (!) mit Querdenkern und Impfgegnern trat. Eine gekonnte Kreation (!) aus der Kombination (!) von *„impfen"* und *„Influencer".* Fraglich, ob der Verfasser Erfolg hatte!

Ein einfacher Dönerladen beweist seinen Einfallsreichtum, indem er sich *„Türkitchen"* nennt, eine geglückte Verschmelzung von *Türkisch* mit *kitchen;* gleichzeitig eine Verballhornung des Wortes *„Türkisch".*

Eine weiterer Fall von lustigem Einsatz der Fremdsprache an der Fensterscheibe eines PKWs: *„Mini Beast on board",* wobei die Schreibweise von *„beast"* aufgrund der an Schauerromane erinnernden Schriftzüge eine zusätzliche Abschreckung bewirkt. Bekannt ist der Aufkleber: *„Baby an Bord",* brav auf Deutsch ausgedrückt. Auch diesen englischen können wir leicht eindeutschen: *„Minibiest an Bord".* Wieder ein Beweis dafür, dass das Englische mehr Eindruck schindet.

Der Lebensmittelhersteller Möwenpick beweist, dass man auch einzig und allein auf die deutsche Sprache beschränkt kreativ sein kann. An einer Litfaßsäule: *„Und wann vanilliebst du dich?"* Darunter die Abbildung eines Esslöffels, gefüllt mit einem leckeren Bourbon Vanilleeis.

Und auf einem anderen Plakat: *„Schmeckt einfach apriköstlich"*, begleitet von einer appetitlichen (!) Aprikosenmarmelade (!). Wortspielereien, Worterfindungen, die einen direkten (!) Bezug zur angebotenen Ware haben und die einfach nett sind!

Hingegen fragt man sich, aus welchem Grunde das Land Baden-Württemberg sich den Slogan (!) *„THE LÄND"* zugelegt hat. Es betont, es wolle damit seine Wirtschaftskraft und zugleich seine Lebensqualität zum Ausdruck bringen. Er diene zur Anziehung von Fachkräften. Was diese sich aus der Kombination des englischen Artikels mit dem schwäbischen Umlautwort zusammenreimen werden, ist schwer nachvollziehbar. Darüber hinaus hat das Land, das sich als jenes *„der Denker und Macher"* bezeichnet, einen mobilen *„Fän"* Shop auf Tour geschickt und ein Unternehmen in der Innenstadt von Stuttgart schmückt seine Fassade mit der Aufschrift *„Hällo"*. Ein Hoch auf die Umlaute im Schwabenland!

Das Modehaus MORE & MORE macht sich in Pandemiezeiten seinen eigenen Namen zunutze. Es empfängt uns am Ladeneingang mit den Worten: *„MORE social, MORE distance"*, um im Anschluss die Abstandsregeln noch einmal (auf Deutsch) zu erläutern. Ein gelungener Einsatz des persönlichen Logos (!)!

Auch McDonald's bedient sich der modernen Sprache. An einer Litfaßsäule der von einem Pfeil gefolgte Spruch: *„Da wird jeder zum Follower (!). 700 m"*. Genau übersetzt würde dieser Satz lauten: *„Da wird jeder zum Gefolgsmann. 700m."* Wer würde aber auch schon von *Gefolgsmännern* oder *Anhängern* des McDonald's sprechen? Das passt eher zu Fußball oder einer Sekte. Hinzu kommt das Problem (!) der erforderlichen Genderanpassung (!), sonst streiken die Feministinnen (!). Gebräuchlich ist der Begriff *„follower"* bei der heutigen Jugend im Zusammenhang mit dem Internet

(!), also für solche Nutzer der sozialen (!) Netzwerke, die ihren Vorbildern folgen, deren Gewohnheiten und Vorlieben imitieren (!). Die Firma (!) trifft mit ihrer Wortwahl genau das Publikum (!), das sie erreichen möchte: Den modernen, das Internet stark einsetzenden Bevölkerungsausschnitt, eben denjenigen, der auch gerne bei ihr speist. Für ihr 50. Bestehen lässt sich die Restaurantkette (!) ein Wortspiel einfallen. Während wir uns durch die Bezeichnung *„Hamburger Royal Käse, Cheese Beef Cheese"* nicht aus der Ruhe bringen lassen, so beeindruckt doch, neben diesem Jubiläumsangebot (!) für 2 Euro 49, der Hinweis: *„Die Party geht app"*. Eine geglückte Spielerei mit dem Substantiv *„App"* und der Partikel (!) *„ab"*.

Ein weiteres Beispiel aus der Gastronomie: *„Jungle Inn, Special, Burger + Loaded Fries + Milkshake"*. Unter einem anderen dazugehörigen Schild noch zusätzlich: *„People, plants, food"*. Sollen hier Menschen, Pflanzen und Essen zusammenkommen? Von mir aus! Aber immerhin stammt das Bier vom *„Augustiner-Bräu München"*. Wenn man sich dann das *„Our Menu"* z. B. im Internet anschaut, dann stellt man mit Erstaunen fest, dass unter *„Speisekarte"* (tatsächlich auf Deutsch!) alle Gerichte ebenfalls auf Deutsch aufgeführt sind. Dies zeigt Kompromissbereitschaft, Offenheit! Man verschließt sich nicht komplett unserer üblichen Umgangssprache! Ein Lichtblick!

Auch *Burger King* macht auf modern, sprachlich und ernährungsmäßig: *„Schmeckt wie Chicken. Ganz ohne Chicken. Der neue Plant-based Long Chicken. 0% Fleisch. 100 % Geschmack."* Darüber das Gesicht einer jungen Frau, die mit geschlossenen Augen genussvoll in ein Sandwich mit besagtem Inhalt beißt. Man fragt sich, was gegen das Wort *„Hühnchen"* oder gar *„Huhn"* einzuwenden wäre.

Ein Jahr nach dem Coronaausbruch wird verzweifelt um Personal gerungen. Das Modehaus *Hallhuber* hat ein

Schild im Eingang aufgestellt, auf dem ein lächelndes Mädchen mit den Worten: „*Join our team*" auf sich aufmerksam macht. „*Komm in unser Team*", „*Wechsle zu uns*", „*Sei eine/r von uns*" wären einige von vielen Möglichkeiten, dieselbe Aufforderung auszudrücken. Aber es geht noch weiter. Auch die Stellenbezeichnung besitzt einen englischen Namen: „*Sales Assistant*". Hieße diese nicht schlicht und einfach: „*Verkaufshilfe*", oder noch schlichter: *Verkäufer/in?* Laut Definition (!) handelt es sich aber um eine Bürotätigkeit, um eine Karriere im Vertrieb. Dann nichts wie hin!

Bei *Vodafone* klingt das Stellenangebot noch undurchdringlicher, unverständlicher: „*Wir suchen: Store Manager, Deputy Store Manager, Business Specialist, Sales Agent*", um dann aber für die niederen Posten ins Deutsche zu wechseln: „ *Auszubildende Kaufleute im Einzelhandel, (studentische) Aushilfen*". Die Krönung zum Abschluss: „*Together we can*". Die moderne Arbeitswelt kann somit den Außenstehenden, vor allem den Älteren ganz schön anstrengend vorkommen, so unentzifferbar wie Hieroglyphen (!)!

Über eine Zeitungsannonce (!) sucht ein Hotel: „*Zimmermädchen/Roomboy*". Das Wort „*Zimmerjunge*" ist noch nicht in die deutsche Sprache eingedrungen. Somit gibt es zwei verschiedenartige Bezeichnungen für die beiden Geschlechter, obwohl sie die gleiche Tätigkeit verrichten. Geboten wird hier u. a. „*eine ausgewogene Work-Life-Balance*". Die Beherrschung der englischen Sprache ist zwar nicht Voraussetzung für den Posten, aber das Verständnis des ausgesprochenen Lockmittels eher schon.

Auch *Nespresso* möchte sein Team erweitern und benutzt die gleichen Begriffe wie *Hallhuber*: „*Join our team*". Zur eigenen Beschreibung benutzt es Termini (!) wie „*Passion*" und „*freshly brewed*", einfach so ins Nichts geworfen. Gemeint ist wohl, dass man sich Kaffee als eine Leidenschaft vorstellen soll. Einverstanden. Für manche Leute zutreffend. Und dass der Kaffee frisch gebraut, vorbereitet ist, ersehen wir auch als Selbstverständlichkeit. Aber hiermit nicht genug, weiter unten auf dem Plakat: *„Together, we inspire tasteful and meaningful living."* Dass Kaffee etwas mit Geschmack zu tun hat, ist offensichtlich. Dass er aber unserem Leben einen Sinn vermitteln soll, erscheint an den Haaren herbeigezogen, eine Möchtegern-Aussage. Auf einem zweiten Plakat: *„Order and Care"*, beschrieben als eine freiwillige Hilfsaktion des Unternehmens. Bei jedem Kauf spendet es in die Pensionskasse seiner Farmer. Nach dem Motto: *„Tu Gutes und sprich darüber."* Im Grunde genommen könnte eine Verwechslung mit dem Ausdruck *„Caring Companies"* entstehen. Diese verstehen sich aber nicht als Geldspender. Sie sehen ihre Aufgabe darin, das Personal an sich zu binden, indem sie Frauen fördern, vegane Mahlzeiten in der Betriebskantine (!) anbieten usw., Maßnahmen zur Steigerung des Wohlbefindens ihrer Mitarbeiter.

Bei einem Nachrichtensender wie *ntv* überrascht uns die Verwendung des Englischen nicht im Geringsten! Es läuft im unteren Band eine Ansage: *„Breaking news auf ihrem Smartphone"*. Leicht zu übertragen mit: *„aktuelle/brisante/wichtige Nachrichten/Neuigkeiten auf ihrem Smartphone"*. Zugestanden: Das englische Substantiv *„news"* ist viel kürzer als das deutsche. Dieser Umstand bedeutet aber keineswegs ein Hindernis für die Verwendung des Deutschen. *ntv* möchte einzig und allein wie so viele anderen auch *„up to date (!)"* sein, mit der Zeit gehen und die hat sich eindeutig für das Englische durch seine Anziehungskraft entschieden.

Auf einer weiteren Litfaßsäule der komplette (!) Text gleich auf Englisch: *„Avoury, the tea. All I want for*

Christmas is... a perfect cup of tea. " Wird hiermit bezweckt, das Gefühl zu vermitteln, wir könnten uns durch den Genuss einer Tasse Tee „*british*" fühlen? Die Aufforderung gilt nicht dem Kauf einer bestimmten Teesorte, sondern einer Teemaschine! Brauchen wir die? So wie eine Kaffeemaschine? Gelockt werden wir mit einem Rabatt von 80,- Euro. Wie viel kostet dann wohl der Apparat selber? Das Schuhgeschäft *Tretter* macht mit einem Schild auf sich aufmerksam: „*New arrival*". Und darunter: „*Die neuen Herbst-Styles sind da.*" Dass es sich dabei um neu angekommene Schuhe handelt, bemerkt der unerfahrene Kunde erst durch einen Blick ins Schaufenster. Unsere Intelligenz ist immer wieder aufs Neue gefragt! Einfach durch die Stadt bummeln ist nicht angesagt!

Ein großes blaues Plakat lockt in einem anderen Laden mit Rabatten: „*Let's celebrate singles' DAY*". Und danach in Rot, auf Deutsch, damit es ja auch jedermann/frau versteht: „*-20% vom 07. bis 11.11. Auf über 150.000 Produkte in unseren Filialen und Online*". Dieser Ledigentag ist ausnahmsweise keine amerikanische Erfindung, sondern eine chinesische! Und gerade das Onlinegeschäft floriert (!). Die Alibaba Group überbietet jährlich ihre Verkaufszahlen in Bezug auf die des Vorjahres. Auch in Deutschland etabliert (!) sich langsam diese Angewohnheit des vermehrten Kaufs an diesem Datum.

Auch *Hugo Boss*, eine deutsche Bekleidungsfirma, 1924 gegründet, entgeht nicht dem herrschenden Trend (!). Im Schaufenster ein schwarzes Band, weiß umrandet, mit der Aufschrift: „*Unwrap the Holidays*". Was soll das gefälligst bedeuten? Die Accessoires darunter geben keinen Aufschluss. Man könnte an die Verpackung denken. Man solle keine benützen bzw. wenig und vielleicht auch keine umweltschädliche verwenden. Wenn man die Webpage im Internet anschaut, wird aber klar, dass man zu weit gedacht hat. Gemeint ist einfach, man solle die Weihnachtsgeschenke auspacken. Nicht mehr und nicht weniger. Ergänzt wird dieser Spruch auf eben dem gleichen schwarz-weißen Band mit einer anderen Aussage, zuunterst im Schaufenster platziert (!): „*Find your Joy inside*". Wo sollen wir unsere Freude finden? Innen im Geschäft oder im Paket? Wohl in beiden! Aber zu allererst hinein, damit der Umsatz auch stimmt!

    Hugo Boss hat sein Sortiment (!) erweitert. Seit 2020 beinhaltet es auch Brillen, die er aber viel distinguierter (!) „*Eyewear*" nennt. Die Qual der Wahl wird uns Kunden überlassen: „*The Choice is yours*". Was ist neu an dieser Aufforderung? Haben wir nicht schon immer selber entschieden? Vielleicht bilden wir es uns ja nur ein...

    Der Herr, der auf diesem Plakat mit durchsichtiger Brille abgebildet ist, trägt den Namen Orlando Bloom. Ein berühmter britischer Schauspieler. Im Internet kann man nachlesen: „*Carnival Row Star Orlando Bloom ist das neue Gesicht für Boss Eyewear. Sein bemerkenswerter Sinn für Stil macht ihn zum idealen Testimonial für die Spring/Summer 2020 Boss Eyewear Kollektion, die unter dem Slogan „Everybody has a story to tell" läuft.*" Man fragt sich, ob Eyewear vielleicht nur ein Accessoire ist, das nichts mit der Korrektur der Sehfähigkeit zu tun hat. Von der Qualität des Produkts ist nicht die Rede, dafür aber vom Werbebotschafter, der einzige Garant für die Tauglichkeit der Brille. Dass die Kollektion nicht Frühjahr/Sommer genannt werden kann, imponiert (!) uns schon nicht mehr, dafür aber der aus einem ganzen Satz auf Englisch bestehende Slogan. Er enthält eine banale Aussage, der wir nur zustimmen können. Es folgt ein (angebliches) Zitat (!) von Orlando Bloom, voll gespickt mit englischen Wörtern: „*Für mich ist die richtige Eyewear ein wichtiger Bestandteil eines perfekten Outfit. Egal ob für einen auffälligen oder eher entspannten Look, die Eyewear sollte immer die Motivation des Looks unterstreichen. Boss versteht hierbei das Verlangen, gut auszusehen ohne sich verkleidet zu fühlen oder den individuellen Stil zu vernachlässigen.*" Die Wörter „*Look*" und „*Outfit*" als Schlagwörter in das Modevokabular integriert (!). Und schließlich meldet sich die Firma: „*Die Spring/Summer Boss Eyewear Kollektion featuring Orlando Bloom wird ab Februar 2020 international erhältlich sein.*" „*Featuring*" kann kurz durch „*mit*" oder eventuell durch „*unter der Mitwirkung von*" wiedergegeben werden. Auf jeden Fall wirkt der lange Satzanfang, der die Hälfte des ganzen Satzes beträgt, äußerst intensiv und schwer. Er verlangt die vollständige Konzentration (!) des Lesers.

Ein anderes Bekleidungsgeschäft empfängt uns in Großbuchstaben mit: „*Can you feel it?*", jeweils ein Wort unter das andere gesetzt. Und dann weiter unten, blau untermalt: „*Unsere Jacken & Mäntel sind wunderbar leicht und unglaublich warm. Los, raus in die Natur!*" Aha, unterschwellig ein modernes Lebensgefühl vermittelt! Stubenhocker sind aus der Mode! Diese Ware hilft uns dabei mitzumachen, also gesund zu bleiben.

Hirmer brüstet sich mit „*personal shopping*". Also, ganz klassisch (!). Kein scannen (!) oder online shoppen (!). Wir sollen persönlich (!) erscheinen. Die Innenstädte sollen nicht aussterben! Verständlich! Aber nicht genug hiermit. Es lockt mit: „*Re-used. Second life cotton*". Oder auch: „*Recycled*". Es wird an unser Gewissen appelliert (!). Hier werden Kleidungsstücke verkauft, deren ehemalige Stoffe wiederverwendet worden sind. Ein Zeichen für Nachhaltigkeit, für Klimaverantwortlichkeit. Obwohl Zweifel aufkommen sollten: Wie viel Wasser wurde verbraucht, wie viele Chemikalien? Oder sollte man lieber gedanklich doch nicht zu weit gehen?

Emporio Armani lockt uns an sein Schaufenster mit

den Worten: „*Sustainable Capsule*". An und für sich gehört noch das Wort „*wardrobe*" zu dieser Kleidungsbezeichnung. Auf Deutsch: „*Kapselgarderobe*", d. h. austauschbare Kleidungselemente, die miteinander kombinierbar sind und nicht aus der Mode kommen. Eine minimalistische Einstellung, die aber auf Qualität basiert, Nachhaltigkeit inklusive. Diese wird im Gegensatz zu „*reused*" oder „*recycled*" durch die geringe Menge an Kleidungsstücken erreicht. Ein Weg, eine Möglichkeit für manche. Warum nicht!

Den Höhepunkt in der Ladenlandschaft bildet aber zweifelsohne das Bekleidungsgeschäft des Fußballclubs *FC Bayern*. Man würde meinen, es befinde sich nicht in Bayern, sondern im englischsprachigen Raum. Dass Bayerisch nicht gut ankommen könnte, wäre als Begründung für diese Wahl noch akzeptabel (!), aber warum: „*Always together, 5 Stars forever*"? Oder: „*Together in Munich. Together in the World*". Dann endlich in Großbuchstaben: „*FC Bayern, behind the Legend.*" Und auf dem letzten Schaufenster: „*Light up the Pitch, X, Copa, Predator*". Da muss man schon ein Kenner sein, um zu verstehen, dass damit: „*Erleuchte/bring Licht aufs Spielfeld mit den Schuhmodellen X, Pokal oder Raubtier*" gemeint ist.

Die Firma *Zwilling* offenbart an ihrem Schaufenster, dass sie „*since 1731*" existiert (!), und zusätzlich: „*Zwilling 290 years*". Diese Wiederholung beweist den wohlverdienten Stolz der Firma. Sie zählt nämlich zu den ältesten der Welt! Bei den Konkursen (!) vieler bekannter Traditionsinstitutionen (!) in der letzten Zeit bezeugt sie Höchstleistung. Was der kurze Satz „*Zwilling connects*" bedeuten soll ist hingegen unklar. Was kann durch den Einsatz von Messern, Kernprodukt der Firma, in Verbindung gebracht werden? Der Spruch: „*Joy to the World*" ist verständlich. Mit guten Küchenutensilien (!) geht die Arbeit leichter und somit freudiger von der Hand. *Zwillings* Schneidewaren verbreiten Genuss und Vergnügen, das ist die Botschaft. Zumindest für die Köche weltweit! Und siehe da, auch Ikea brüstet sich mit Fremdwörtern in seinem Katalog (!): *„Eckige Hähne mit schlankem Look (!) sind ein echter Hingucker für jede Küche".* Der Begriff „*Look*" ist uns allen geläufig, vor allem im Zusammenhang mit dem Aussehen eines Menschen, seiner Kleidung. Befremdend wirkt er in Bezug auf einen Wasserhahn, was aber gerade umso mehr Aufmerksamkeit auf diesen Gegenstand erzielen wird, also genau dem vom Werbetexter (!) angestrebten Zweck entspricht! Das Wort als solches stellt in diesem Kontext (!) schon einen *Hingucker* dar!

Vielen Unternehmen kann man außer deren Streben nach internationalem Aussehen keinen weiteren Grund für die Benutzung englischer Vokabeln unterstellen. So z. B. bei dem Möbelanbieter (!) *Kare.* Er begnügt sich Ende August nicht damit, an seine Fenster das Wort „*SALE*" anzubringen, das wir inzwischen gewohnt sind, anstelle von „*Schlussverkauf*" in den Geschäften anzutreffen. Das deutsche Wort erinnert an Ramschverkäufe, an den Ansturm der in der Schlange lange vor der Öffnungszeit wartenden Kundinnen auf die Kaufhäuser. An diese Bilder mögen wir nicht mehr erinnert werden. Sie gehören ins vergangene Jahrhundert! *Kare* übernimmt dennoch einen Habitus (!) aus jener Zeit, denn er schreibt „*Summer Sale*". Andere Geschäfte gehen noch weiter und locken uns mit „*Mid Season Sale*", d. h. dass wir auch in der Zwischensaison (!) mit Rabatten (!) rechnen können. *Kare* hingegen möchte uns hier vielleicht davor warnen, dass eher das Gartenmobiliar (!) herabgesetzt ist. Diese Überleitung wird bekräftigt durch ein Plakat mit der Abbildung einer Gartenmöbellandschaft im Sonnenschein inmitten von Palmen (!) nebst den Begleitworten:

"Gartenmöbel – Let the sun shine". Was wäre gegen: *"Lass die Sonne scheinen!"* oder *"Genieß die Sonne!"* einzuwenden? Nur der moderne (!) Flair (!) berechtigt die getroffene Wahl. Und darunter noch der Hinweis: *"Outdoorausstellung auf über 800 m²."* Der Ausdruck *Außenausstellung* aus dem gleichen Grunde vermieden! Aber nicht genug hiermit. Es begegnet uns mehrmals an den verschiedenen Schaufenstern der Hinweis: *"100 Shops weltweit"*. Mit dem Wort *"shop"* können wir in der Zwischenzeit leben, aber warum neben dem Eingang: *"Share your style"*? Welche Bewandtnis soll dies haben? Soll es uns zeigen, dass wir durch den Kauf von Gegenständen bei *Kare* *"dazugehören"*? Aber zu wem? Vielleicht wie die Internetfollower, die Teil der *"Gruppe"* (!) sein möchten, obwohl diese nur virtuell (!) existiert (!)!

Ein anderes Möbelhaus, Höffner, verhält sich vorsichtiger. In seinem Prospekt lockt es die Kunden mit Preisnachlässen von 20 %, um sofort einen Nachschlag von nochmals 20 % draufzuschlagen. Die Wortwahl: Sowohl auf Deutsch - *"zusätzlich"* - wie auf Englisch - *"on top"*. Als wäre sich Höffner über den Bildungsstand seiner Kundschaft nicht sicher. Nach dem Motto: Doppelt genäht hält besser!

Nicht viel anders sieht es in der Kosmetikbranche (!) aus. Auf einem großen Schaufenster, wohlbemerkt in einem Außenbezirk (!) der Stadt München, die Aufschrift: *"We are back"*. Klingt eigentlich: *"Wir sind zurück"* zu banal? So muss es den Eigentümern vorkommen. An einem Sonnenstudio das Schildchen *"open"*, als würden wir die Wortwahl *"offen"* nicht mehr verstehen!

Und in unmittelbarer Nähe, an einem Stromverteilerkasten auf dem Bürgersteig, das ansonsten leere Plakat mit der Aufschrift: *"Imagine every parked car is a tree"*. Kein Hinweis auf die Verfasser dieser Aufforderung. Eine Umweltorganisation (!) allem Anschein nach. Mit einem netten Gedanken, der im Deutschen eventuell zu lang wirkt: *„Stellen Sie sich vor, jedes geparkte Auto wäre ein Baum"*. Aber es besteht die Möglichkeit einer Umwandlung: *„Wären doch alle geparkten Autos Bäume!"* oder *„Ersetzt (geparkte) Autos durch Bäume!"* bzw. noch kürzer *„Bäume statt Autos"*, zusätzlich geschmückt mit der Abbildung von Bäumen.

Dann am Fenster einer Art Imbissstube: *„Genuss to go"*. Offensichtlich eine Steigerung des Slogans (!) *„coffee to go"*. Gemeint ist wohl, dass die Gerichte auch zum Mitnehmen feilgeboten werden und obendrein gut schmecken sollen. Zumindest eine Neuschöpfung, die aber auch das Lebensmittelgeschäft *Manufactum* verwendet.

Douglas mit einer neuen Kreation (!): *„Scan & go"*. Darunter: *„Produkte selbst scannen und kontaktlos bezahlen"*. Alles wird schneller, der Kunde selbständiger und in Coronazeiten bedenkt man obendrein/in-direkt seine gesundheitliche Sicherheit.

Ein anderer Kiosk macht es sich noch einfacher: *„Nur to go"* steht hoch oben auf der Tafel! Aha, keine Bedienung soll das bedeuten, man soll anstehen. Nicht weit davon: *„Welcome to the Summer"*, als wäre uns *„Willkommen zum Sommer"* nicht mehr geläufig. Daneben: *„Munich Beach Resort"*, so etwas wie *„Münchens Stranderholungsgebiet"*. Das Strandgefühl soll der unter die Bänke gestreute Sand vermitteln, ansonsten weit und breit kein Strand vorhanden. Es werden Gefühle suggeriert (!); Hochstimmung soll beim Besucher hervorgerufen werden in der Hoffnung, dass er dadurch mehr konsumiert (!). Und dann das Highlight (!): *„Mia san Burger. Lunchtime 11-14 Uhr, Dinnertime ab 17 Uhr."* Wieder mal ein Zwitter, diesmal gleich in drei Sprachen, denn der erste Satz in Bayerisch bedeutet: *„Wir sind Burger"*. So gebildet sind wir in Bayern!

Und das Café (!) *Kustermann*? Schreibt gleich einen vollständigen Satz auf Englisch auf eine Tafel neben der

Eingangstür: „*All you need is coffee and cake*". Anspielung auf den Song (!) der Beatles: „*All you need is love*". Für Retropublikum (!)? Zumindest für eine gebildetere, gehobenere Schicht.

Dann aber ein ähnlicher Wortlaut in einer wunderschönen stilisierten Schrift vor einer „*Food Factory*": „*All I need is Kebap*". Dabei ist diese „*Lebensmittelfabrik*" ein ganz einfacher Dönerladen!

Weiterhin in der gleichen Umgebung ein Hinweisschild zum „*Automobilforum (!) Kuttendreier*" mit der Anmerkung „*Just drive*", was schlicht mit „*einfach losfahren*" wiedergegeben werden könnte. Diese Aufforderung von Ford erinnert an die sehr ähnliche von *BMW*: „*drive now*", also „*fahren Sie jetzt/gleich*". Im Englischen kommt den Firmen der Aufruf prägnanter vor, als würden wir die Fremdsprache bevorzugen, ihr eher Folge leisten oder ihr gar hörig/er sein.

In der Kinderabteilung von *BMW*-Welt sind die Heranwachsenden sichtlich gefordert. Auf einem Plakat ist zu lesen: „*Smart City*", „*Smart Plant*", „*Smart Home*", „*Sharing Point*". Die nachfolgenden Erklärungen dann auf Deutsch. Von klein auf sieht sich das Kind dem fremdländischen Übergriff ausgesetzt. Die ersten drei Begriffe sind uns schon ziemlich vertraut, nicht aber der letzte. Wir kennen „*Carsharing*", nun lernen wir den Ausdruck für den Abholungsort eines „*geteilten*" Autos kennen. Und im erklärenden Text noch eine Kreation (!), obendrein ein Synonym für den gerade erwähnten Begriff des Autoteilens: „*Sharing-Fahrzeuge*", eine Annäherung ans Deutsche, aber immer noch ein Hybrid. Weitere Überschriften in dieser Kidslounge (!): „*Better together*", „*Share & Care*". Und weiterhin: „*Natural Power*", „*Intelligent Power*", „*Sharing Power*". Darunter stehen stets die Erläuterungen auf Deutsch, sodass man sich fragt, warum diese Titel nicht in unsere Sprache übertragen werden konnten. Ein Rätsel. Und weiter geht es in der gleichen Art: *„Connect"*, *„Be part of it"*. Dabei gilt diese Aufforderung der Gestaltung von Fadenkunst, hier natürlich Englisch ausgedrückt mit *„String-Art"*, obwohl es eingedeutscht eher *„Stringart"* geschrieben wird.

Schon vor dem Eingang zur *BMW*-Welt begegnet man dem kompliziertesten Plakat, auch wenn es fast ausschließlich in Deutsch verfasst ist: *„Gestalte selbst die Zukunft mit! Erfahre mehr über Zirkularität. Buche jetzt das RE:BMW Circular Lab."* Da musste ich erst mal nachforschen, was mit *„Zirkularität"* gemeint ist: *„nachhaltige Kreislaufwirtschaft"*. Also ein verantwortungsvolles Nutzen von Ressourcen und deren Wiederverwendung. Sie beinhaltet die vier Prinzipien: *„Rethink, Reduce, Reuse, Recycle"*, alle mal wieder auf Englisch benutzt!

Dem allgemeinen Trend folgt ebenso der Deutsche Alpenverein mit seiner Webseite: www.alpenverein.de/climbtotokyo. Es geht um die Vorbereitung der Kletterer für die Olympischen Spiele in Tokio, wo diese Sportart erstmalig vertreten sein wird. *„Klettern für Tokyo"* wäre wieder einmal länger, wodurch bewiesen ist, wie praktisch knapp die englische Sprache ist! Der gleiche Verein bringt in seiner Zeitschrift *„Panorama"* (!) *"Produktnews"*, also *„Produktneuigkeiten"*. Darunter Handtücher, die er dann als *„towels"* bezeichnet. Ist unsere deutsche Sprache nicht deutlich genug? Dem Anschein nicht. Auch wenn in einer anderen Sparte des gleichen Magazins (!) von *„Reisenews"*, eines weiteren Hybrids (!), die Rede ist, also von *„Reiseneuigkeiten"*. Wieder einmal zu lang und umständlich!

Auch die MVG, die Münchner Verkehrsgesellschaft,

hält sich an die neuen Regeln: „*What's schmutzig?*" schreibt sie im Innenraum eines Wagons und erläutert: „*Wenn Du Schmutz oder einen Defekt im Zug entdeckst, schreib uns eine WhatsApp und wir kümmern uns darum.*" Wieder hätten wir bequeme Möglichkeiten, den Gedanken auf Deutsch zu formulieren: „*Etwas schmutzig?*" oder "*Schmutz gefunden?*" Aber hier geht es um mehr, durch den Hinweis oder das Wortspiel mit „*what's*" und „*WhatsApp*". Nicht schlecht.

Ein weiteres Beispiel im gleichen Verkehrsverbund: „*U've got the power*". Dabei befindet sich das *U* umrandet und auf blauem Hintergrund, die Farbe der U-Bahn. Nochmals ein Wort- oder Klangspiel, hier mit „*you*" und „*U(-Bahn)*". Denn wir, als U-Bahnfahrer, tragen zur Nutzung von Strom anstelle von fossiler Energie bei! Diese ist die Botschaft.

Sogar eine Stellenanzeige begegnet uns in der Bahn: „*Safe in Deine Zukunft!*". Man könne ein duales Studium bei den Stadtwerken absolvieren (!). Warum nicht: „*Sicher in Deine Zukunft!*"? Die einzige Erklärung: Man möchte junge Menschen ansprechen, die gerade aus diesem Grunde auch neben dem Satz abgebildet sind.

Die Stadt Berlin möchte ebenfalls nicht zurückbleiben: „*Visit Berlin*" schreibt sie auf Plakaten, die ansonsten komplett (!) auf Deutsch lauten. Ist ihr „*Besuchen Sie Berlin*" zu lang? Die Aushänge befinden sich wohlbemerkt in Deutschland, nicht im Ausland!

Und die Deutsche Bahn im ähnlichen Stil: „*I (*ICE-Lok auf den Stephansdom projiziert*) Wien. Schnell und günstig. Mit der Bahn.*" Hier spart man sich sogar das Verb. Soll der Leser/Kunde „*love*" einsetzen? Oder womöglich „*travel to*"? Der Angesprochene soll verweilen, nachdenken, sich mit der verborgenen Botschaft beschäftigen, auf sie ungewollt aufmerksam werden. Obendrein bleibt man mal wieder nicht konsequent bei einer Sprache, denn statt *Wien* hätte es auch *Vienna* heißen können. Der Rest der Information im Telegrammstil.

Auf einem großen Plakat neben dem Gleis, bittet uns die Deutsche Bahn, ihr mitzuteilen, was uns an ihr gefällt und was nicht. Als Emailadresse: feedback@bahnhof.de. Dieses Wort ist ziemlich etabliert (!), dennoch wäre „Rückmeldung" oder „Rückinformation" möglich. Zusätzliche Informationen zur Bahn dürfen wir auf der App *DB Bahnhof live* aufrufen. Gegen „*live*" kann man heutzutage kaum etwas einwenden. Tagtäglich sehen wir uns mit *Livesendungen,* hauptsächlich im Fernsehen, konfrontiert (!).

Ein Telefonanbieter erlaubt es sich, indirekt einen großen Politiker (!) zu zitieren: „*O2 can do. Ob zuhause oder unterwegs: Willkommen im sehr guten Netz von O2.*" Hier wird Bezug genommen auf Barack Obamas „*Yes, we can!*" Keine schlechte Wahl!

Der *ADAC* lässt auf einem Sprinter neben seinem gelben Logo (!) die Worte: „*Clever mieten*" anbringen, wobei dieses Adjektiv (!) bereits eindeutig im deutschen Wortschatz aufgenommen ist. Eine Webpage (!) zur Suche nach billigem Benzin benutzt es sogar zur eigenen Namensgebung: „*Clever-tanken.de*".

Ein Immobilienmakler zieht unsere Aufmerksamkeit mit „*Miet me!*" an. Wieder einmal ein Hybrid aus den zwei Sprachen. Vielleicht auch noch mit dem Hintergedanken der Verwechslung mit dem fast gleichklingenden englischen Verb „*meet*", „treffen", als Aufforderung dazu, bei ihm vorstellig zu werden. Wenn wir ihr nachgehen, besteht eher die Möglichkeit bzw. Wahrscheinlichkeit, dass ein Geschäft zustande kommt.

DHL, ein deutscher Konzern mit Sitz in Bonn, lässt sich komplett vereinnahmen: „*Excellence. Simply delivered.*" Diese Worte fegen täglich tausende Male auf gelben Lieferwagen durch deutsche Straßen! Gehören sie zu uns? So simpel (!) soll es sein?

Auch die Lebensmittelindustrie kann nicht anders, sie ergibt sich ebenso. Auf Edekas gigantischem Lastwagen steht: *„Foodservice. Qualität, die ankommt."* Das Wort *„food"* eindeutig kürzer als *„Lebensmittel"* oder *„Nahrungsmittel"*. Aber bei der Länge des LKW wäre auch eines dieser Wörter einsetzbar.

An der Außenwand eines REWE-Ladens die Reklame für ein besonderes, zugegeben amerikanisches, Eis: *„Häagen-Dasz. Don't hold back. The Ice of Ice Creams."* Schon wieder sind unsere Schulkenntnisse gefordert! Und dann ganz unscheinbar daneben, unter der Abbildung eines Bechers mit Speiseeis: *„Entdecke uns im Kühlregal"*. Also nichts wie los!

Ebenso wenig bleibt *ALDI* zurück. Eine Jobannonce (!) in einer Filiale (!): *„Creditpoints flexibel finanzieren"*. Darunter: *„Studentische Aushilfe (m/w/x)"*. Ganz klar richtet sich das Angebot an Studenten (!). Wer sonst bräuchte *„creditpoints"*? Natürlich finanziert (!) man nicht die Zensuren mit der Gelegenheitsarbeit, sondern seinen Unterhalt. Dennoch ist auf diese Weise die angesprochene Gruppe klar definiert (!) und abgegrenzt. Abgesehen davon enthält der Titel gleich drei Fremdwörter, möchte also deutlich Menschen mit einem hohen Sprachniveau auf sich aufmerksam machen und schüttelt gleichzeitig einen minderwertigen Ruf der Kette ab. Raffiniert (!)!

Aber *Aldi* ist vielfältig: *„This screen will not collaborate with colleagues worldwide. **You will.**"* Was soll das nun bedeuten? Also: *„Dieser Bildschirm wird nicht mit Mitarbeitern weltweit zusammenarbeiten. **Sie** werden es tun!"* Ist dem Käufer nun der Sinn klar? Die Erleuchtung bringt die Ankündigung in der nächsten Aufnahme: *„Join our IT team! Apply now: It-Jobs.aldi.sued.de."* Wieder ein Stellenangebot! Jetzt versteht man auch die Wahl der

Sprache, denn für diese Arbeitsstelle im IT-Bereich ist Englisch unerlässlich.

Noch eine Werbung am Schaufenster von *ALDI*: *„Made in Heimat. Produziert von echten Profis“*. Darunter Abbildungen von Produkten wie Milch und Käse. Hier also das weltweit akzeptierte (!) und angesehene Markenzeichen *„Made in Germany“*, ein Garant (!) für höchste Qualität (!), umgewandelt in eine Formel (!), die den heutzutage verbreiteten Vorzug für Heimatprodukte zur Vermeidung von unnötigen langen Transportwegen (!) u.a.m. zum Ausdruck bringt, also eine Rechtfertigung für den Kauf der hiesigen – von *ALDI* feilgebotenen - Lebensmittel darstellt.

Ein alteingesessenes deutsches Unternehmen, Gründungsjahr 1908, scheut ebenso wenig vor der englischen Sprache zurück. *„Prophete“* begleitet seinen Firmennamen mit der Angabe: *„keep moving“*, angebracht an einem unscheinbaren Fahrradkorb, der sich von selbst nicht bewegen kann!

Sogar Häuserwände sind englischen Sätzen widerstandslos ausgeliefert: *„Police not Welcome!“* ist an eine weiße Garage gekritzelt. Als wäre diese Aufforderung nicht genug, weiter unten: *„Fuck cops!“* Die Sprachebene lässt auf junge rebellische Autoren schließen, die ihre Fremdsprachenkenntnisse besser auf andere Weise nutzen sollten.

Und das Bundesministerium für Gesundheit? Es macht in Kooperation (!) mit dem Ministerium des Innern, für Bau und Heimat gemeinsame Sache in puncto (!) Impfkampagne (!). Auf einem Schild mit Fußballfans (!) werben beide für das Impfen, damit es ein *„Comeback“* in die Stadien (!) geben kann. *„Rückkehr“* wäre durchaus einsetzbar.

Die Tabakindustrie erfindet sich ebenfalls neu. Auch auf einem riesigen Schaubild bietet sie uns einen *„Tabak Heater“* an. Ganz einfach einen *Erhitzer.* In einer

Gebrauchsanleitung im Internet wird uns erläutert, dass dieser *"ganz easy (zu) starten"* ist. Man solle den *"Button"* 3 Sekunden drücken. Erleben wir letztendlich durch diese Übergriffe eine Bereicherung oder eine Verarmung der deutschen Sprache?

Ein ähnliches Sujet (!) bietet: *" We IQOS, because".* So, das war's! Ein Markenname wird zu einem Verb, ein Kausalsatz nicht weitergeführt. Aber immerhin weiter unten: *"Unsere beste Alternative zur Zigarette. "* Manchmal gewinnt man den Eindruck, die Reklamewelt richte sich einzig und allein an Kenner, an deren engere Bindung an die gepriesene Marke und nicht an die Gewinnung neuer unbescholtener Adepten (!).

In einer Parfümerie (!) ein Poster mit folgendem Text: *"Make the Twenties roar again. "* Darunter eine Parfümflasche von *J. F. Schwarzlose* und die Angabe 20 20, Also handelt es sich wohl um eine Schöpfung aus diesem Jahrzehnt, soll aber an die zwanziger Jahre des letzten Jahrhunderts erinnern, d. h. an die lange Tradition der Berliner Firma. Sie stammt von 1856, werden wir informiert. Wenn wir nun die Internetseite öffnen, staunen wir nicht wenig, denn die meisten Sparten (!) sind mal wieder Englisch: *"Parfums, Zimmerparfums, Specials, About, Stores, Ethics. "* Unter *"Specials"* auch die Untertitel auf Englisch: *"Discovery Set, Selection Set, Gentle liquid Soap, Hand & Body Wash, Gift Card. "* Ebenfalls unter *"About":* *"The Creators, History, Brand stories, Ethics, News & Blog. "* Zum Glück hat man sich des Lesers erbarmt und zu unserem großen Erstaunen die jeweiligen Texte auf Deutsch verfasst. Das klingt äußerst logisch (!), denn wir stehen vor einer deutschen Firma mit langem Bestehen im Lande! Was veranlasst nun die Werbetexter dazu, uns mit den englischen Titeln in die Irre zu führen? Für diejenigen, die die Fremdsprache nicht oder kaum beherrschen, wohl eine

Einladung gleich aufzugeben und nicht weiterzulesen. Oder wenden sie sich ausschließlich an eine gebildete Kundschaft? In der gleichen Parfümerie ein weiteres Plakat; diesmal hohe Palmen am Meeresstrand, denn „*California inspired*", aber „*Germany made*": die *Beautipharm*. Und weiter geht's: „*Feel the endless summer on your skin*", passend zur Szenerie (!) am Strand. Davor drei Kosmetikprodukte und darunter die Angabe *Doctor Eckstein*. Im Internet erfahre ich, dass diese deutsche Firma seit 1949 existiert. Und wieder begegnen wir den Angaben für die verschiedenen Rubriken (!) mit englischen vermischt: „*Skin Solutions, Gesicht, Körper, Lifestyle, Specials, Über uns*". Nochmals alle Bezeichnungen für die Produktpalette auf Englisch. Dann wollen sie uns via (!) „*What's new*" über „*das Allerneueste von Doctor Eckstein*" informieren. Dazu gehören auch die „*All-Time Favourites unserer Kund*innen*". Man könnte dieses Springen von einer Sprache in die andere ermüdend empfinden. Es ist bestimmt nicht jedermanns Sache!

Nochmals an der Fensterscheibe der Parfümerie: „*Energize your Skin, Performance Skincare für ihn*". Darunter sind Artikel der Firma *Babor* ausgestellt, wieder einmal ein deutsches Unternehmen mit immerhin sechzigjährigem Bestehen. Warum dieses Verquicken der Sprachen? Als täte es unserer Haut gut, geistig aktiv zu bleiben!

Erkläre uns einer, warum die Münchner Symphoniker für ihr Silvesterkonzert mit: „*Last Night of the Year*" wirbt? Aufführungsort: München. Die Ausstellung in der Bayerischen Staatsbibliothek ebenfalls mit einem englischen Titel: „*Facing the Balkans*". Dabei stammen die Fotografien von einem renommierten deutschen Stern-Journalisten, nicht von einem Ausländer.

Und so könnte man weiterschauen, weitersammeln; fast auf jedem Gebiet, fast bei jedem Träger oder jeder Firma würde man fündig. Die englischen – unnötigen – einzelnen Wörter bis zu ganzen Sätzen haben sich in unseren Alltag eingeschlichen, sind allgegenwärtig, nicht aus unserem Blickfeld wegzudenken. Staunend gehen wir durch unsere Innenstädte und wissen nicht so recht, ob wir uns noch in Deutschland befinden. Kleinkinder, die das Lesen und Schreiben gerade erst erlernt haben und mit dieser Mischehe aus zwei Sprachen aufwachsen, können unmöglich von selbst herausfinden, dass das Vorliegende keineswegs ihre reine Muttersprache ist! Es verwundert, dass sich die deutsche Sprache anscheinend freiwillig aus dem Staube macht, auch keiner für sie Partei ergreift, sie rettet vor diesem Ein- und Übergreifen der mächtigen Weltsprache. Kleinlaut zieht sich das wehrlose Deutsche zurück, lässt sich überrennen, ergibt sich kampflos. Sein Leiden wird überhört, sein Ächzen ignoriert. Sollten wir nicht vielleicht doch den Aufstand wagen, einen Aufruf zu seiner Verteidigung in die Wege leiten, ihm zur Seite stehen, es nicht feige seinem vernichtenden Schicksal überlassen? Auf geht's! Lasst uns demonstrieren für die Rettung unseres schüchternen Hochdeutschs! Es lohnt sich bestimmt!